Made in the USA
Las Vegas, NV
26 November 2020

11520981R00073